ABBÉ E. RAFIN

Mgr. Jules=Alphonse COUSIN

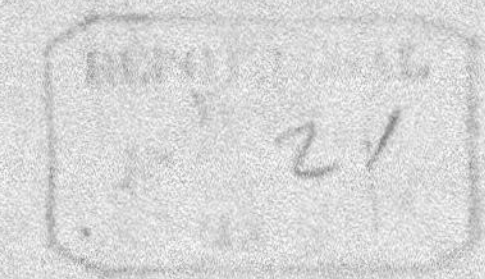

Évêque de Nagasaki

(JAPON)

LUÇON. — IMPRIMERIE S. PACTEAU. — LUÇON

—

1912

Abbé E. RAFIN

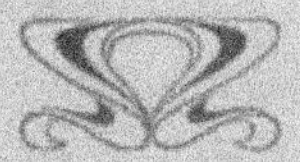

Mgr Jules=Alphonse COUSIN

Evêque de Nagasaki

(JAPON)

LUÇON. — IMPRIMERIE S. PACTEAU. — LUÇON

1912

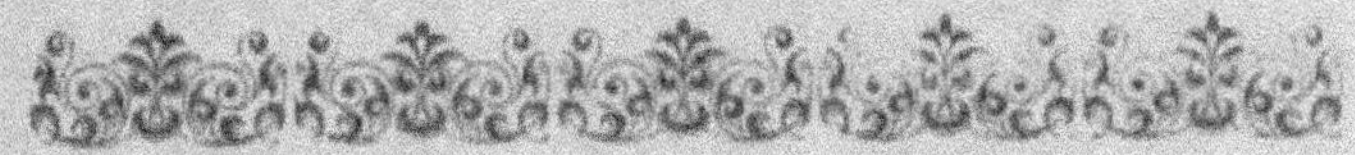

I

Chambretaud

Service solennel pour le repos de l'âme de Mgr Cousin

Dans son numéro du 22 septembre, la *Semaine Catholique*, par une note brève, sans détails, sans date précise, adressée du séminaire des Missions Étrangères à Monseigneur l'Évêque de Luçon, annonçait au diocèse la mort de S. G. Mgr Jules Cousin, évêque de Nagasaki.

Cette douloureuse nouvelle portait au cœur de ses amis un coup d'autant plus sensible qu'elle était plus inattendue. On savait bien que, au lendemain de ses noces d'argent épiscopales, très solennellement célébrées à Nagasaki en septembre 1910, le vénéré prélat avait été assez sérieusement indisposé ; mais on le croyait depuis longtemps revenu à son bon état de santé habituel. Au dernier nouvel an, j'avais reçu de lui, ainsi que plusieurs autres amis, avec son plus récent portrait, un mot aimable comme il excellait à les écrire : il n'y faisait aucune allusion à son état physique actuel. Aussi, en lui répondant, me permettais-je de lui dire que s'il avait neigé sur sa barbe quasi patriarcale et ses cheveux toujours abondants, son visage accusait encore une réserve de forces qu'il n'aurait pas de sitôt dépensée.

Et voici que déjà Dieu l'a rappelé à lui, alors qu'il semblait capable de porter longtemps encore — il n'était que dans sa soixante-neuvième année — le poids de son rude épiscopat, et de lier beaucoup de nouvelles gerbes dans le vaste champ si opiniâtrement fécondé, depuis quarante-cinq ans, par ses sueurs d'apôtre, si laborieusement mis en culture par toutes les industries de son cœur et de son zèle d'évêque missionnaire. Mais les secrets du ciel ne sont point les nôtres, et nous ne pouvons que nous incliner et adorer.

Aux nombreuses et ferventes prières qui ont dû, dès le premier instant, monter de bien des lèvres et de bien des cœurs pour le repos de l'âme de notre illustre compatriote, M. le Curé de Chambretaud — sa paroisse d'origine — a voulu ajouter le très précieux appoint des prières de l'Église et l'éclat d'un service solennel.

Son appel fut entendu, et le mercredi 4 octobre, la belle église de Chambretaud, convenablement parée de deuil, se remplissait de fidèles pieusement empressés à donner ce témoignage de religieux souvenir à celui que Dieu prit au milieu d'eux, pour l'élever à la haute dignité dont l'honneur rejaillissait sur la paroisse entière.

Le cours de Mgr Cousin, qui donna aux Missions Étrangères trois sujets d'élite, dont deux devaient devenir d'éminents évêques, et le troisième un glorieux martyr, ne compte plus de vivants, outre Mgr Guichard, que quatre de ses membres, tous retirés du saint ministère. Aucun d'eux n'avait pu être présent. Mais en revanche, une cinquantaine d'autres prêtres, venus de tous les points du diocèse, entouraient le catafalque dressé dans le sanctuaire. M. l'abbé G. Simon, vicaire général, avait été délégué par Monseigneur, empêché de venir lui-même, pour le représenter à la funèbre cérémonie.

Après les premiers chants liturgiques, présidés par M. l'Archiprêtre de Fontenay, et le Saint Sacrifice, célébré par M. le Curé de Chambretaud, M. le Vicaire général monte en chaire. Prévenu de l'avant-veille seulement, son allocution ne pouvait être, dans sa presque totalité, qu'une improvisation ; il n'en trouva pas moins le moyen d'intéresser vivement son auditoire. C'est que, sans parler des ressources toujours prêtes que lui fournit un esprit des plus richement cultivés, M. l'abbé Simon a dans le cœur une source toujours jaillissante de délicatesses, et, dans une mémoire étonnamment fidèle, une provision inépuisable de souvenirs qu'il enchâsse avec art et à propos dans la trame de ses discours. Il ne peut qu'esquisser en traits rapides les grandes lignes de la vie de Mgr Cousin ; mais pour être fait en petit, le portrait n'en est pas moins dessiné de bonne main et facilement reconnaissable aux contemporains du vénéré défunt. Ceux-ci, en effet, n'ont point oublié que, jeune séminariste, M. Cousin était aussi simple et modeste qu'intelligent ; qu'ayant assez d'esprit pour être facilement méchant, il ne voulut jamais être qu'aimablement spirituel ou inoffensivement malin ; que sous une surface d'extrême exubérance et d'humeur constamment enjouée, il cachait un fond de sérieux et une énergie de volonté dont l'orateur fait ressortir l'heureuse et féconde résultante, par le rappel de ce départ du séminaire de Luçon pour celui de la rue du Bac, où il poussa l'esprit de sacrifice jusqu'à se refuser la joie, amère sans doute en une telle occasion, mais si humaine et si naturelle, de revoir sa famille une dernière fois ; par l'énumération sommaire de ses durs travaux apostoliques et des œuvres multiples qui, là-bas, au Japon, furent créées par son active et industrieuse initiative, ou développées par son inlassable zèle ; par le tableau, établi chiffres en mains, de la prospérité sans cesse croissante de ses chrétientés. Bref, Mgr Cousin n'est pas seulement la gloire de Chambretaud : il est aussi une gloire, et des plus brillantes, de notre diocèse, une gloire de l'Eglise du Japon, une gloire même de l'Eglise sans épithète ; et M. l'abbé Simon, après avoir ainsi résumé les vertus et les mérites d'une telle vie, était en droit, faisant un ingénieux rapprochement entre la mitre, ornée de pierres brillantes de Chambretaud, qui fut offerte par ses condisciples au jeune évêque d'Acmonie, futur évêque de Nagasaki, et la couronne qu'il est allé ceindre là-haut, de conclure par ce mot du Psalmiste qu'il avait pris pour texte : *Posuisti in capite ejus coronam de lapide pretioso :* en récompense de tout ce qu'il entreprit et accomplit pour l'honneur de votre nom, « vous avez, Seigneur, placé sur son front une couronne de pierres précieuses ».

Descendu de chaire, M. le Vicaire général préside les prières de l'absoute, et la cérémonie s'achève comme elle s'est déroulée, dans le recueillement ému de la sympathique assistance.

On m'a demandé d'écrire ces quelques lignes. Je les dépose comme un reconnaissant hommage du cœur sur la tombe de celui qui, cinquante ans durant, voulut bien m'honorer de sa précieuse et très appréciée amitié, en attendant qu'une documentation plus complète permette de publier une notice biographique où apparaîtra plus en relief, plus vraiment vivante, la physionomie originale et singulièrement attrayante de S. G. Mgr Jules Cousin (1).

E. RAFIN, prêtre.

(1) Extrait de la *Semaine Catholique* de Luçon du 14 Octobre 1941.

II

Mgr Jules-Alphonse Cousin

NOTICE BIOGRAPHIQUE

A Monsieur l'abbé Georges Simon, vicaire général

MONSIEUR LE VICAIRE GÉNÉRAL,

Le 4 octobre dernier, au sortir du service solennel célébré dans l'église de Chambretaud pour le repos de l'âme de S. G. Mgr Jules-Alphonse Cousin, et au cours duquel vous aviez fait en termes si délicats, bien qu'improvisés, son éloge funèbre, vous vouliez bien me demander d'écrire pour la *Semaine Catholique* un bref compte-rendu de cette cérémonie. Ces simples notes publiées, vous m'avez aimablement exprimé le désir de me les voir compléter par une notice biographique plus étendue sur notre illustre et regretté compatriote.

J'accède volontiers à ce désir, non toutefois sans noter au préalable que si, du côté du cœur, la tâche m'est agréable et facile, elle ne laisse pas, par certains autres côtés, d'être quelque peu délicate. Il apparaîtra bientôt pourquoi.

.*.

Jules-Alphonse Cousin naquit à Chambretaud, le 22 avril 1842, de parents chrétiens sans doute — on l'est unanimement dans cette paroisse privilégiée — mais qui ne semblent point s'être distingués plus que d'autres par cette mentalité surnaturelle et cette élévation de sentiments, souvent remarquées dans les familles d'élite où Dieu se plaît à recruter les élus de son sanctuaire.

Sur sa toute petite enfance les renseignements font défaut. C'est que cela reporte à plus de soixante ans en arrière, et que les hommes de cet âge ou sont disparus, ou n'ont gardé de ce temps de leur propre enfance que des souvenirs trop imprécis pour qu'il puisse en être fait état.

Mais ce qu'il est permis de tenir pour certain, c'est que l'enfant se signalait déjà par son esprit éveillé et la pénétration de son intelligence, et que ce fut là vraisemblablement, avec peut-être une réelle aptitude actuelle pour les choses de la piété, ce qui attira sur lui l'attention du vénérable M. Moreau, alors curé de cette paroisse de Chambretaud qu'il gouverna pendant cinquante deux ans (du 7 septembre 1812 au 7 septembre 1864), et le décida à prendre le jeune Cousin au presbytère, en vue de le préparer pour le séminaire.

Alors aussi Chambretaud avait pour vicaire M. l'abbé Prosper Garreau qui, devenu plus tard curé de Chasnais, devait mourir tragiquement, en 1875, des suites d'un accident dont il fut victime, au retour d'un pèlerinage de Rome que nous venions d'accomplir au nombre de cent cinquante, sous la conduite de S. G. Monseigneur Lecoq. C'est lui qui fut spécialement chargé d'initier aux premiers éléments du latin ce petit débutant que Dieu prenait dans l'humilité de sa condition, « pour le placer un jour parmi les princes de son peuple. »

Après quelques mois d'études préliminaires, il entrait, en sixième, je crois, au petit séminaire de Chavagnes.

Ce que j'ai à dire ici du futur évêque de Nagasaki n'est certes pas tout à sa louange. Mais s'il en a connaissance de là-haut, je suis assuré qu'il ne me désapprouvera point de rappeler, en biographe véridique et consciencieux, des peccadilles de jeunesse qui, mises en regard de ce qu'il fut plus tard, ne feront que mieux ressortir l'efficacité de la grâce divine, et les ressources de caractère et de volonté qui alors sommeillaient en lui.

Ses condisciples de Chavagnes, aux souvenirs desquels j'ai dû faire appel — car personnellement je ne le connus qu'au grand séminaire, où j'entrai en philosophie comme il faisait sa deuxième année de théologie — s'accordent à dire que, s'il fut un camarade charmant, il ne fut point un séminariste modèle.

A cette époque, le séminaire de Chavagnes traversait, paraît-il, une légère crise d'indiscipline dont je n'ai point à apprécier les causes, d'ailleurs tout accidentelles. Le cours de Jules (ainsi l'appelait-on toujours et tout court) était particulièrement contaminé, et ce n'est point avec les plus sages qu'il frayait de préférence.

J'ai hâte toutefois de dire — et là-dessus les témoignages sont encore très concordants — que s'il était trop libre dans ses allures, il ne fut jamais un sournois, ni un frondeur. Il était léger naturellement, comme d'autres sont naturellement sérieux. La pétulance de son caractère, jointe à la vivacité de son esprit, lui rendait le mouvement comme nécessaire, et s'il savait à l'occasion parler à propos, il lui arrivait trop souvent de le faire à contre-temps. Aussi, que de billets d'honneur restés en route ! D'aucuns prétendent même qu'il n'en reçut jamais !

Au physique, figure ronde et très avenante avec, à
fleur d'orbites, deux bons gros yeux, rieurs, pétillants
et malins ; au moral, nature ouverte, franche et enjouée,
cœur d'or et sur la main, boute-en-train original et
amusant, Jules était aimé de tous ses condisciples, et
ceux-là même qui, parce qu'ils étaient d'un tempéra-
ment à son gré trop pacifique, étaient les plus exposés à
ses taquineries, n'auraient jamais songé à lui en garder
rigueur.

Pour le reste, voici ce que m'écrit un bienveillant
correspondant :

« Intelligent, sans être travailleur acharné, il arrivait
« ordinairement aux premières places et avait, chaque
« année, une jolie moisson de prix.

« Mémoire excellente, mais cultivée dans de justes
« proportions.

« Il aimait le jeu et y montrait une certaine adresse.

« Il aimait aussi la musique et la cultivait avec quel-
« que succès.

« Je crois que, au fond, il aimait le bon Dieu de tout
« son cœur ; mais, à le juger sur les dehors, on n'au-
« rait trouvé en lui qu'une piété très ordinaire. »

A rapprocher de cette dernière remarque un mot de lui
qui en serait la confirmation, s'il n'était pas permis d'y
voir une boutade de l'esprit plutôt que l'expression de
sa pensée intime. A son vicaire qui, pendant les va-
cances, lui reprochait doucement de manquer de piété,
et de ne pas assister tous les jours à la sainte Messe, il
répondait : « Oh ! cela, c'est bon pour Pineau et pour
Pasquier » — deux compatriotes et condisciples disparus, dont le premier est mort Passionniste et le se-
cond, curé d'Evrunes.

Obligés souvent de lui infliger réprimandes et pen-
sums, ses maîtres, jugeant avec raison que ses défauts

n'étaient que de surface, et provenaient d'une exubérance de vie plutôt que d'un fond vicié, se montraient
relativement indulgents pour lui. Les qualités qui,
d'autre part, le rangeaient parmi les élèves vraiment
intéressants, compensaient à leurs yeux, en partie du
moins, ses coutumières légèretés, et, malgré d'inquié-
tantes apparences, ils ne voulaient point désespérer
d'une vocation qui, pensaient-ils, avec le temps et Dieu
aidant, finirait bien par se préciser et s'affermir.

Arrivé au grand séminaire de Luçon, où il devait
demeurer trois ans et quelques mois, il y fut, comme à
Chavagnes, élève au travail aisé sans être opiniâtre,
arrivant sans effort apparent à s'assimiler remarquable-
ment les différentes matières de l'enseignement clérical.
Sans s'être entièrement défait — c'eût été difficile à lui
— de sa vivacité innée, mais subissant presque forcément
l'influence de l'habit et du milieu, il avait gagné en sérieux, en piété aussi, sans être jamais de ceux qui pen-
chent plus ou moins la tête. Malgré cela, il lui arriva
plus d'une fois d'être retardé dans ses ordinations, ce
dont il plaisantait spirituellement lui-même, et l'on pouvait se demander quelle allait être la solution finale de
ces hésitations dont le terme ne s'entrevoyait pas. Son
vieux curé n'avait plus qu'une confiance très vague dans
l'avenir, à ce point que, un jour, il ne put se retenir de
dire à son vicaire, M. l'abbé Pouzin, aujourd'hui retiré
à Luçon : « Ce drôle-là (il ne mâchait pas ses mots, le
bon M. Moreau !) est capable de défroquer ! »

Il se trompait fort, le saint homme. Pendant qu'il
émettait ce pronostic découragé, son paroissien étudiait
dans le secret, sous l'œil de Dieu et avec son directeur,
une vocation dont l'idéal s'élevait bien au-dessus des
espérances par lui caressées, et si proche maintenant de
s'évanouir dans son vieux cœur. Et comme le directeur

en cause n'était autre que le vénéré et très distingué supérieur, M. Gabriel Gouraud, on peut bien croire que la question ne fut pas traitée à la légère, et que l'abbé Cousin, en vouant sa vie aux Missions Étrangères, avait la certitude morale que telle était bien à son égard la volonté même de Dieu.

Aussi bien, le petit fait suivant vient-il prouver que cette vocation n'avait rien de commun avec ce qu'on est convenu d'appeler le *coup de foudre*. Un an auparavant, comme il revenait de conduire à Mortagne un autre compatriote, l'abbé Michaud, qui partait lui-même pour les Missions Étrangères, il dit tout à coup à l'abbé Pasquier qui l'accompagnait : « En voilà un de parti, en attendant qu'il en parte d'autres. — Oh ! pas vous toujours, lui répond son camarade. — Eh ! qui sait ? — Non, cela, je ne le croirai jamais. — Eh bien, qui vivra verra. » On peut donc bien croire que l'idée d'être missionnaire le travaillait depuis longtemps déjà, mais que longtemps aussi, sans doute, il l'avait combattue. L'heure était venue où, de cette lutte avec et contre Dieu, il sortait enfin vaincu, mais combien heureux de sa défaite !

La décision prise allait promptement être suivie d'exécution.

Or, l'abbé Cousin nous avait mis, quatre ou cinq, au courant de ses projets, avec défense absolue d'en ouvrir la bouche avant qu'il eût franchi le seuil du séminaire, parce que, disait-il, espiègle jusqu'au bout, « je serai content de savoir le tintamarre qui se fera dans la maison, quand on apprendra que je suis parti ». Le « tintamarre », en effet, se produisit comme il l'avait prévu, et le nombre fut grand de ceux qu'on eut peine à convaincre que ce départ n'était pas une fuite.

M. l'abbé Pouzin me raconte à ce sujet la plaisante

anecdote que voici. Quelques jours avant de quitter Luçon, M. Cousin lui écrivait : « Cher Monsieur l'abbé, je vous en prie, venez vite à Luçon : je veux vous voir et vous faire une confidence. » M. Pouzin communique aussitôt cette lettre à son vénérable curé ; mais celui-ci, prétextant son âge et sa santé qui ne lui permettaient pas de rester seul, s'oppose résolument à ce voyage. Lettre de vif regret du vicaire au futur missionnaire ; nouveau message plus pressant encore que le premier ; nouvelles difficultés de la part de M. le curé, lequel pourtant, après trois jours d'instance, finit par accorder la permission sollicitée. Le vicaire part en hâte, arrive à Luçon sur les cinq heures et demie du soir et se présente dare-dare chez M. le Supérieur. « Ah ! lui dit M. Gouraud sans autre préambule, vous venez sans doute pour voir votre paroissien ? Trop tard : il est parti de ce matin. — Comment parti ? réplique M. Pouzin, atterré par cette nouvelle : il a donc quitté la soutane ? — Mais non. Vous ne savez donc pas ? Il est en route pour le séminaire des Missions Étrangères. » Et voilà comment, en quelques secondes, l'excellent M. Pouzin passa par deux émotions de nature très diverse, et qui doivent compter parmi les plus intenses de sa vie.

Autre anecdote plus savoureuse encore, et dont cette même circonstance fut également l'occasion. La veille de son départ, l'abbé Cousin se fit un devoir de prendre congé successivement des directeurs du séminaire : « Monsieur le Directeur, dit-il à l'un d'eux — que mes contemporains nommeront aisément — je viens vous faire mes adieux : je quitte le séminaire demain matin. — Oui, vous faites bien, mon cher ami. Le bon Dieu apparemment ne veut pas que vous soyez prêtre. Soyez du moins un bon chrétien dans le monde, etc., etc. » Pendant cette pieuse allocution, l'abbé Cousin souriait, amusé. Lorsqu'enfin il se fut entendu souhaiter la... vie éternelle — car cela dût bien se terminer à peu près ainsi — il se contenta de répondre : « Vous vous méprenez, Monsieur le Directeur ; M. le Supérieur m'envoie aux Missions Étrangères. » Je ne sais plus comment le bon Directeur se dégagea de l'impasse où il s'était aventuré. Au moins pût-il se rassurer sur l'avenir spirituel de son espiègle interlocuteur, en songeant que la profession qu'il embrassait ne serait pas un obstacle à ce qu'il demeurât « bon chrétien ».

L'abbé Cousin était donc parti pour le séminaire de la rue du Bac. Il était parti sans revoir le foyer natal, sans embrasser sa famille. D'un seul élan de volonté qui présageait bien d'autres victoires, il avait, pour ainsi dire, dénoué, sinon rompu, les liens les plus chers, pour aller à Dieu sans obstacles, peut-être pour n'avoir pas, comme sainte Chantal, à passer sur le corps, tout au moins sur le cœur de ceux dont il était à la fois et l'orgueil et l'espoir. Ainsi, par ce premier acte d'énergie, il inaugurait ce noviciat du séminaire des Missions où il allait se former à cette vie de sacrifices qui, de nos vaillants missionnaires, fait autant de héros chrétiens.

Ce que fut sa vie à la rue du Bac, on n'eut pour en juger que les lettres qu'il écrivait fréquemment à ses amis de Luçon. Au ton de ces pages écrites sans apprêt, il fut tout de suite aisé de voir que, ayant enfin trouvé sa voie, il s'y était engagé « d'un grand cœur et d'une âme pleine de volonté ». La note pieuse y était à sa place, et son âme y parlait en même temps que son cœur. Sa gaieté native, toutefois, ne perdait point ses droits ; son esprit alerte et sémillant éclatait souvent en amusantes saillies, et s'il est vrai qu'un missionnaire triste ne peut faire qu'un triste missionnaire, on était du moins assuré qu'il ne pécherait point par ce côté.

Déjà il s'exerçait à l'apostolat, et ce fut sur moi — qu'on me pardonne ces détails personnels — qu'il essaya son premier coup de filet. Au temps où la question de sa vocation le préoccupait si fort, je lui avais confié que j'avais aussi quelque idée d'être missionnaire. Il ne se priva donc point de me le rappeler et de m'écrire à ce sujet des lettres très aguichantes, souvent apostillées par son conchambriste, un aimable normand du nom de Perreaux, et, un peu plus tard, par mon cher condisciple de cours, Pierre Gelot (1). Hélas ! notre commun directeur ne me trouva point apparemment comme à lui une âme de héros, et... mon affaire en resta là.

L'enjouement de son humeur et l'affabilité de ses manières durent, là-bas aussi, lui conquérir très vite l'affectueuse sympathie de ses collègues en apprentissage de l'apostolat. Boute-en-train toujours, la facilité avec laquelle il rimait des vers de circonstance le désignait fréquemment pour être le chanteur de fêtes qu'il excellait, du reste, à organiser. Nous avons un spécimen point banal de ces charmants à-propos dans la chanson qu'il composa pour la dernière fête, à Paris, de notre glorieux martyr, Henri Dorie, laquelle débute ainsi :

> Un jour naquit au fond de la Vendée
> Un Vendéen.
> Et Dieu disait : voilà pour la Corée
> Un Coréen...

et où se lisent ces quatre vers, plus prophétiques que ne pensait l'auteur :

> Peut-être alors on coupera sa tête
> Pour Jésus-Christ,

(1) On sait que le P. Gelot, envoyé dans la Mission du Tonkin, y fut, en 1884, tué d'un coup de feu par les rebelles, en haine de la France et de la foi chrétienne.

> Et deufois l'an pour nous viendra la fête
> De saint Henri.

Ce fut vers le même temps qu'il composa d'autres bien jolies strophes, auxquelles il donna pour titre : *La Mère du Missionnaire*, et dont voici la première et la dernière :

> J'étais heureuse d'être mère,
> Car mon fils, sous l'aile de Dieu,
> Croissait à l'ombre du saint lieu,
> Comme une fleur du sanctuaire.
> Quand mon regard montait au ciel,
> Un seul désir savait le suivre,
> Celui de pouvoir encor vivre
> Assez pour le voir à l'autel.

> Mais à l'heure où je crois l'atteindre,
> Mon bonheur s'enfuit avec lui...
> Vous saurez si je suis à plaindre,
> Mères, quand vos fils auront fui.

>   .   .   .   .

> C'en est fait, et, quand viendra l'heure,
> Je mourrai seule, loin de lui...
> Mais puisque ta main le conduit,
> Dieu, j'y consens quoique je pleure.
> Fais du moins, pour prix de sa foi,
> Qu'il puisse être heureux sans sa mère,
> Puisqu'il la quitte pour te plaire :
> Il l'eût bien été près de moi !...

Je mis ces strophes en musique sous cet autre titre : *Le Sacrifice d'une Mère*. Et comme je lui en avais envoyé un exemplaire là-bas, au Japon, il le reçut avec une joie d'enfant qu'il m'exprimait bientôt après de la façon la plus gracieuse.

Sa vocation de prêtre missionnaire s'affirmant assez

clairement pour enlever le suffrage de ses maîtres, il ne
manqua plus, comme jadis à Luçon, d'avancer aux
saints ordres aux époques régulières, et le 23 décembre
1865, à peine âgé de vingt-trois ans, il recevait la bien-
heureuse onction qui le faisait prêtre pour l'éternité. La
grâce avait couronné son œuvre, et sa fidélité, tardive,
si l'on veut, mais si généreuse à regagner le temps
perdu, obtenait sa magnifique récompense.

.

Un mois plus tard, l'abbé Cousin s'embarquait pour
le Japon, et, le 7 mai suivant, il abordait à Nagasaki.

Le Japon, devenu aujourd'hui plus hospitalier et moins
hostile au prosélytisme catholique, n'offrait alors de sé-
curité réelle ni aux missionnaires européens, ni aux
chrétiens indigènes, témoin la persécution assez violente
qui y sévit contre eux, en 1868. M. Cousin, fort de son
enthousiasme et de sa foi, prêt au martyre, si Dieu lui
faisait l'honneur de l'y appeler (1), s'y rend le cœur
haut et ferme, heureux d'avoir à exercer son jeune zèle
parmi ce peuple japonais, intelligent, travaillé par une
crise de civilisation, hélas ! trop servilement calquée
sur la nôtre, mais aussi par une crise religieuse, au

(1) Dans la chanson qu'il composa pour la fête d'Henri Dorie,
il y a cette autre strophe qui nous édifie à ce sujet :

Quand une fois la sanglante couronne
Ceindra ton front,
Pour obtenir de Dieu qu'il me la donne
Sois mon patron.
C'est le bonheur qu'à tous deux je souhaite :
S'il te sourit...
Offre ce vœu comme un bouquet de fête
A saint Henri.

moins dans la jeunesse intellectuelle, à laquelle le vieux
culte national du bouddhisme semble bien avoir fait son
temps, et qui doit être, par là même, plus accessible à
la lumineuse vérité chrétienne.

Ma tâche est désormais forcément simplifiée. Outre
que raconter quarante-six ans d'une vie d'apôtre exi-
gerait des pages interminables, il faudrait avoir pour le
faire une abondance de documents et de témoignages
que je ne possède pas. Chaque année, il est vrai, depuis
qu'il fut fait évêque, Mgr Cousin m'envoyait le compte-
rendu annuel de toutes ses œuvres — œuvres nombreuses,
aux ramifications de toutes sortes — avec l'état complet
des progrès obtenus. Mais ce ne sont que des nomen-
clatures plutôt sèches, et qui n'ont d'intérêt que par la
preuve strictement mathématique qu'on y trouve du dé-
veloppement, sans cesse croissant, de ces œuvres et de
ces progrès. Je me contenterai de citer ici un court me-
mento de l'ensemble de ses travaux et des dates les plus
marquantes de son long séjour au Japon, publié l'an
dernier, à l'occasion de ses noces d'argent épiscopales.

A peine arrivé à destination, il pénètre, lui le premier
de nos missionnaires, aux îles Gotô, et, en 1868, lui,
premier encore, à Osaka, où il établit un poste catholique. Il y résida dix-huit ans, au cours desquels il fit
construire une église, dédiée à l'Immaculée-Concep-
tion, et qui est et demeurera longtemps l'une des plus
belles du Japon.

En 1885, ses mérites avérés ayant depuis longtemps
attiré sur lui l'attention de l'épiscopat japonais, il fut
désigné au Pape Léon XIII comme digne entre tous de
succéder à l'illustre Mgr Petitjean, qui venait de mourir,
et bientôt après élu évêque d'Acmonie et Vicaire apostolique du Japon méridional. Puis, cette mission ayant
été divisée en deux par décret du Saint-Siège, il quitta

le séjour d'Osaka pour fixer sa résidence à Nagasaki, dont il devint le premier évêque, en 1891, lorsque fut établie la hiérarchie catholique au Japon.

Ainsi, aux obligations déjà si absorbantes du simple missionnaire, M. Cousin allait avoir à ajouter le fardeau de l'épiscopat, partout lourd à porter, mais particulièrement pesant dans ces pays de mission où tout est à créer ; où ce que l'on crée a besoin, pour vivre, de soins infinis ; où personnel et ressources sont toujours insuffisants ; où l'évêque doit, en conséquence, avoir l'œil, la main et le cœur partout, pour organiser, accroître ou conserver, pour stimuler l'ardeur des uns, encourager l'effort des autres, pour gouverner, au mieux des intérêts supérieurs en jeu, des quantités de chrétientés disséminées sur de vastes étendues de territoire dont certaines parties, les îles du moins, sont d'un abord difficile, quand il n'est pas périlleux. Pour le jeune évêque, le *bonum opus* de saint Paul allait donc être aussi un *durum opus.* Il ne s'en effraya point : sa foi et son zèle étaient à la hauteur de ses nouveaux devoirs.

La Vendée, peu fertile en évêques pour la France, mais qui prend noblement sa revanche dans la région lointaine des missions, où elle n'en a pas compté moins de sept, depuis et y compris Mgr Perrocheau, n'eut aucune surprise à la nouvelle de l'éminente dignité qui venait d'être conférée à M. Cousin : elle en éprouva une joie égale à l'honneur qui lui était fait dans la personne de l'un de ses enfants. J'ai rappelé ailleurs (*Semaine* du 14 octobre) comment ses condisciples et amis, interprètes du sentiment universel, eurent l'ingénieuse idée d'offrir au nouvel élu de l'épiscopat une mitre ornée de pierres brillantes provenant du sol de sa paroisse natale. Nul doute que cette mitre n'ait eu à ses yeux plus de prix que si elle avait été enrichie de toutes les fines pierreries dont l'apôtre saint Jean fait la chatoyante énumération, dans le livre de son Apocalypse.

Ce fut à Nagasaki, devenu sa ville épiscopale, qu'eut lieu, en 1890, le premier synode du Japon.

En 1897, Mgr Cousin profita de la célébration du troisième centenaire des saints vingt-six martyrs japonais, pour bâtir et bénir solennellement, à Nagasaki, une nouvelle église, sous le vocable de Notre-Dame des Martyrs.

Pendant ses vingt-six ans d'épiscopat, sachant bien qu'un clergé indigène aurait un accès plus facile auprès de la population païenne, il s'attacha particulièrement à le multiplier. Aussi, sur trente-trois ordinations faites par lui dans sa cathédrale, n'y eut-il pas moins de quarante prêtres japonais à recevoir de ses mains l'onction sacerdotale.

Ajoutons que dans ce même laps de temps il fonda trente-cinq postes nouveaux avec résidence, qu'il établit trente-huit nouvelles chrétientés, et bénit cinquante églises ou chapelles nouvelles.

Les fruits d'une telle activité ne pouvaient qu'être abondants, et le résultat obtenu fut celui-ci : en vingt-cinq ans, la population catholique de son diocèse fut largement doublée, passant de vingt-trois mille, en 1885, à quarante-sept mille, en 1910.

Tant de labeurs à fournir, une telle dépense quotidienne de soi-même allaient-ils sans quelque fléchissement de la nature ? Les déceptions, les déboires, inévitables dans un ministère si multiple et si compliqué, le surmenage physique et intellectuel qu'il lui fallait s'imposer, étaient-ils toujours sans réaction aucune sur le moral ? Ce serait miracle, vraiment. Mais si cela se produisait, il ne le laissait point voir. Une seule fois, dans toute sa correspondance, il lui échappa un mot à ce sujet. Comme je lui avais rappelé plaisamment, dans une de mes lettres, le pieux embauchage qu'il avait jadis tenté près de moi, il me répondait :

« En lisant votre lettre, j'ai été tout heureux de con-
« stater que la mienne avait fait miroiter aux yeux de
« votre imagination, restée poète malgré les ans, le
« beau côté de la vie du missionnaire. Je ne voudrais,
« pour tout au monde, rien dire qui pût rompre le char-
« me chez vous ni chez personne ; mais, vous le savez, les
« roses ne font sentir leurs épines qu'à ceux qui les
« cueillent. En se contentant de les admirer et d'en
« respirer le parfum à distance, on pourrait se figurer
« qu'elles ne piquent pas.

« Hélas ! mon cher ami, les roses apostoliques, si
« pourprées et si embaumées que vous les puissiez croire,
« sont bien comme celles du jardin de la cure de la
« Gaubretière : il ne faut pas les sentir de trop près, ni
« les toucher, si l'on ne veut pas se piquer le nez et les
« doigts. Ce n'est pas que je m'en plaigne, loin de là ;
« mais je veux vous donner la consolation de penser
« qu'en vous laissant en Vendée, pour vous faire curé
« d'une paroisse belle entre toutes, la Providence vous
« a épargné des épreuves que vous ne soupçonnez
« pas. »

On ne saurait d'ailleurs douter que la somme des con-
solations ne l'emportât de beaucoup sur celle des épreuves dans son grand cœur d'apôtre, et qu'il n'ait pu
souvent et justement s'approprier le mot de saint Paul :
« Je surabonde de joie au milieu de toutes mes tribu-
lations. » Outre la satisfaction intime du devoir si rudement accompli, les compensations ne lui manquaient
pas du côté des âmes, chaque jour plus nombreuses,
qu'il ramenait « des ténèbres à l'admirable lumière de
la foi ». C'est ainsi qu'il m'écrivait un autre jour :

« J'arrive d'une tournée de confirmation au milieu des
« chrétientés disséminées dans les innombrables petites
« îles (il était alors résident à Osaka) si capricieusement
« groupées en plein océan, à l'ouest de notre petit con-
« tinent japonais. Le voyage d'une station à l'autre se
« faisait en petite barque poussée à la rame par nos
« vigoureux insulaires. Il n'y faisait pas toujours très
« chaud, et, quand la vague s'en mêlait, on était assez
« rudement secoué. Sans compter qu'on ne trouvait
« point, à l'arrivée, un palais épiscopal pour y passer
« la nuit ; mais on trouvait partout une population fon-
« cièrement chrétienne, et qui manifestait sa joie par
« tous les moyens en son pouvoir, et cela faisait oublier
« tout le reste. »

Avec l'année 1910 arrivait le vingt-cinquième anniversaire de sa consécration épiscopale, entraînant là-
bas comme ici la célébration solennelle des « Noces
d'argent. » Mgr Cousin ne pouvait donc s'y dérober.

Voici, à ce sujet, ce que je lis dans le *Compte-rendu
annuel des travaux de la Société des Missions Etran-
gères,* lequel m'est fidèlement envoyé du fond de l'Hin-
doustan par mon aimable paroissien, le P. Augustin
Rautureau. On y verra, non sans en ressentir quelque
admiration, jusqu'où Mgr Cousin savait pousser, quand
il s'agissait de sa personne et du confortable de la vie,
l'esprit d'abnégation et d'apostolique humilité

« L'exercice 1909-1910 s'est clôturé par un évène-
« ment particulièrement heureux pour la Mission de
« Nagasaki : le jubilé épiscopal de Mgr Cousin. Prêtres
« et fidèles eussent souhaité peut-être plus d'éclat à
« cette solennité ; mais la modestie du vénérable Jubi-
« laire et le mauvais état de sa santé lui ont imposé le
« cadre discret d'une fête de famille. Pour être célébrée
« dans l'intimité, elle n'a pas été moins touchante. Le

« 21 septembre, bien avant l'heure fixée pour la messe
« pontificale, l'humble cathédrale était prise d'as-
« saut par de nombreux groupes de fidèles députés par
« les chrétientés voisines ; d'autre part, tous les catho-
« liques de la Mission s'associaient par la prière au
« bonheur de leur bien-aimé Pasteur.

. . . .

« La fête réservait à Monseigneur une petite surprise.
« *Sacramentum Regis abscondere bonum est...* Mais
« comment laisser échapper l'occasion unique d'être
« indiscret ? Je dirai donc que ces vingt-cinq ans d'épis-
« copat se sont écoulés *à l'ombre d'un palais-masure,*
« *reliques du temps et des fourmis blanches.* Tandis
« que, autour de lui, s'élevaient trente-cinq résidences
« nouvelles, seul le Père s'oubliait. Mais l'épreuve im-
« posée à la piété filiale de ses enfants n'avait que trop
« duré : tous, Missionnaires et chrétiens, ont donc mis
« leur pauvreté en commun pour lui offrir, à l'occasion
« de son jubilé, la première assise d'un futur évêché,
« confiant à la bonne Providence le soin de parfaire leur
« modeste offrande.

« La famille s'est dispersée en souhaitant au vénéré
« Jubilaire l'heureuse vieillesse des Patriarches. *Ad*
« *multos annos !* »

Hélas !...

Dans ses lettres, écrites le plus souvent à la hâte,
mais où il y avait toujours la note du cœur (« Si je ne
« vous ai pas répondu plus tôt, n'en accusez, je vous
« prie, que les mille circonstances qui ne m'en ont pas
« laissé la facilité. N'allez pas croire surtout à de l'in-
« différence pour vous. En vérité, je vous aime toujours
« aussi sincèrement, aussi fraternellement que lorsque
« nous devisions ensemble sous les charmilles de Lu-

« çon… »), dans ses lettres, dis-je, il y avait toujours
une lacune : il n'y parlait jamais de sa santé. Or, nous
savons aujourd'hui que, depuis plusieurs années, elle
passait chaque été par des crises de faiblesse qui, sans
être immédiatement menaçantes, indiquaient une ané-
miation sensible des énergies vitales, messagère trop
fidèle, mais que l'on voulait croire encore lointaine, de
l'inévitable catastrophe.

La catastrophe allait se précipiter, suivant à un an
d'intervalle exactement la belle et joyeuse fête de ses
noces d'argent épiscopales.

Je n'ai plus maintenant qu'à céder la plume à S. G.
Mgr Bonne, sacré archevêque de Tokio par le cher et
regretté défunt, et qui, dans une lettre au P. Compagnon,
directeur au Séminaire des Missions Étrangères et Pro-
cureur de la mission du Japon, transmise par celui-ci à
M. le Curé de Chambretaud, avec prière de la faire in-
sérer dans la *Semaine Catholique*, fait le récit détaillé
des derniers jours de Mgr Cousin. On ne lira pas sans
un intérêt ému ces lignes, simples comme une page de
l'Évangile, mais si vraiment touchantes dans leur évan-
gélique sobriété (1).

« Depuis plusieurs années, Monseigneur éprouvait,
en été, une grande fatigue. Dans les premiers jours de
juillet dernier, il fut pris d'une extinction de voix qui
lui rendait pénible toute conversation prolongée. Rien
cependant jusqu'ici n'était de nature à nous inquiéter,

(1) Mgr Bonne ne devait survivre que trois mois à celui dont
il avait été, pour ainsi dire, le bras droit durant vingt-cinq ans,
comme Supérieur, de tous points très distingué, du Grand Séminaire de Nagasaki. Il y a peu de jours, en effet, les feuilles ca-
tholiques enregistraient sa mort, survenue au cours de décembre.
Sacré par Mgr Cousin dans les premiers jours de mai, son épiscopat
n'a eu qu'une éphémère durée de sept mois.

Bientôt survenait un tremblement nerveux dans les mains, lequel affecta un peu Monseigneur, car le travail de bureau lui devenait presque impossible. Durant les mois de juillet et août, les forces du malade baissaient peu à peu, l'alimentation étant à peu près exclusivement liquide. La démarche devenait chancelante et souvent le pied bronchait, l'obligeant à s'appuyer au mur ou à la rampe, soit pour monter, soit pour descendre les escaliers.

« A la diarrhée chronique dont il souffrait venaient s'ajouter des vomissements fréquents, et, dès les derniers jours d'août, le vénéré malade fut privé du bonheur d'offrir le saint sacrifice.

« Le 6 septembre, il consentit à faire venir le médecin. Du premier coup, celui-ci jugea le cas désespéré : « C'est fini, déclara-t-il au P. Salmon : il en a pour deux ou trois semaines. » Ni Monseigneur ni son entourage n'ajoutèrent trop foi à ces paroles, tant l'on s'était habitué à le voir remonter le courant de la vie !

« Le 7 septembre, au soir, avait lieu l'ouverture de la retraite ecclésiastique. Monseigneur se fit violence pour descendre à la salle à manger : « Je suis vraiment confus, dit-il à ses missionnaires, de ne pouvoir prendre part aux exercices de la retraite ; mais j'espère qu'aucun de vous ne s'autorisera de mon exemple pour les suivre avec moins de ferveur. »

« Le 12, seconde visite du docteur. Il ne fait malheureusement que confirmer son premier jugement ; de plus le malade est menacé d'un arrêt brusque du cœur.

« Monseigneur, sans se croire encore en danger immédiat de mort, commence cependant à se rendre compte de la gravité de son état. « Je baisse peu à peu », disait-il à un missionnaire. Et il ajoutait avec un geste las : « Le temps est venu de m'en aller. »

« Pendant la retraite, il continua à traiter avec ses missionnaires les affaires les plus urgentes.

« Le 13, jour de la clôture, se trouvant dans un état d'extrême faiblesse, il ne put, à son grand regret, réunir les missionnaires autour de lui : il dut se contenter de leur envoyer, par l'entremise de son vicaire général, sa bénédiction avec ses vœux de bon voyage. En même temps le bon Dieu lui imposait un grand sacrifice, celui de dire adieu à son cher bréviaire dont il ne s'était pas séparé jusqu'à ce jour : ses yeux affaiblis lui refusaient leurs services. C'est ainsi que le divin Maître le préparait au détachement complet, en l'isolant du monde extérieur.

« Le 16 septembre, Monseigneur se confessait pour recevoir, le lendemain, le saint Viatique. Devant le Saint-Sacrement, il émit de cœur la profession de foi qu'un missionnaire lui à haute voix au pied de son lit ; puis, d'une voix distincte, il ajouta : « Vous direz à tous les missionnaires, à tous les prêtres, à tous les séminaristes, enfin à tous les chrétiens, que je leur donne ma meilleure bénédiction et leur demande de prier pour moi. »

« La nuit du 17 au 18 fut très mauvaise. Vers les six heures du matin, sa parole devenait embarrassée. A sept heures et demie, après avoir suggéré au malade quelques pieuses pensées et l'avoir engagé à renouveler de cœur le sacrifice de sa vie, un missionnaire commença à réciter les prières de la recommandation de l'âme.

« A neuf heures et demie, Monseigneur entrait en agonie... A dix heures et quart, sans secousse aucune, l'auguste malade rendait son âme à Dieu.

« Le 21 septembre, vingt-sixième anniversaire de sa

consécration épiscopale, nous avions le douloureux devoir de le conduire à sa dernière demeure.

« Mgr Bonne, archevêque de Tokio, et Mgr Chatron, évêque d'Osaka, n'avaient pas craint d'affronter un long et pénible voyage pour prendre part aux funérailles.

« Les autorités japonaises, le gouverneur de Nagasaki en tête, ainsi que le corps consulaire, ont tenu à donner au cher défunt un dernier témoignage d'estime et de respect, en assistant officiellement au service solennel célébré devant le corps, à huit heures et demie.

« Malgré une pluie ininterrompue, plusieurs milliers de chrétiens ont accompagné le bon Pasteur jusqu'au cimetière de Urakami, situé à une lieue et demie de la cathédrale.

« Daigne le divin Maître accueillir miséricordieusement l'ouvrier fidèle qui, sans revoir une seule fois sa patrie (1), consacra quarante-cinq ans de sa vie, dont vingt-six d'épiscopat, à la plus grande gloire de Dieu. »

Toute la Vendée fera sien ce vœu suprême de Mgr Bonne. Notre glorieux compatriote fut, dans toute l'acception du mot, le *bonus miles Christi*, et l'on peut bien dire qu'il est mort au champ d'honneur. Et puisqu'il est écrit dans nos saints Livres que celui qui sauve l'âme de son frère sauve aussi la sienne, comment croire

(1) Une fois. — c'était en 1902, année où fut consacrée la belle église de Chambretaud, — il avait fait espérer qu'on le reverrait en Vendée à cette occasion. Mais, au dernier moment, il fit savoir que le voyage d'Europe lui était devenu impossible. Ce fut une grosse déception pour la paroisse, pour sa famille et ses amis, pour le diocèse tout entier. Il voulut du moins que quelque chose pût rappeler à tous qu'il était présent de cœur et envoya, pour servir en la circonstance, quatre superbes vases en porcelaine du Japon, richement et finement décorés, comme le savent faire les Japonais.

qu'après avoir sauvé ou contribué à sauver un si grand nombre d'âmes, il n'a pas déjà reçu la récompense de tant de combats, le prix de tant et de si laborieuses victoires ?

D'autre part, M. le Curé de Chambretaud a reçu du P. Veillon, son paroissien aussi, et jeune collaborateur de Mgr Cousin à Nagasaki même, une lettre où, au récit de la fin de son évêque vénéré, s'ajoutent quelques détails qui précisent davantage le grand vide laissé là-bas par la chère personnalité disparue. J'en extrais ces lignes où l'on percevra distinctement la plainte d'un enfant qui vient de perdre son père, un père très aimé parce que très aimable, très regretté parce que digne de tous les regrets.

« Cette mort a été pour toute la mission comme un « véritable coup de foudre : personne ne s'attendait « à une perte aussi grande et aussi rapide. Voilà déjà « un mois que ce coup nous a frappés, et personne n'en « est encore remis. Tous se demandent encore comment « il se fait que celui que nous aimions tant, le Pasteur « qui dirigeait si bien son troupeau, nous ait quittés « presque à l'improviste...

« ... Cependant nous, missionnaires, nous nous incli- « nons sans murmure devant la main qui nous a frappés. « Notre amertume est adoucie par la pensée que c'est « le bon Maître qui a pris notre Père pour le placer « dans la patrie céleste et ceindre son front de la cou- « ronne immortelle. Personne plus que Monseigneur ne « méritait cette couronne des élus. Pendant quarante- « cinq ans il a travaillé avec une ardeur incroyable à « l'extension du règne de Notre-Seigneur. Son cœur « débordait de zèle et de charité, si bien qu'on peut dire « de lui ce qu'on a dit de plusieurs saints évêques et « apôtres : « Les feux de l'Équateur étaient moins brû-

« lants que la charité de son cœur ». Ce Père, que nous
« pleurons tous encore aujourd'hui, continuera du haut
« du ciel, je n'en doute nullement, à diriger sa chère
« mission et à prier pour ceux qui sont restés pour tra-
« vailler encore, et c'est là assurément une consolation
« bien grande...

« ... Je ne vous ai pas encore dit quelle maladie a em-
« porté Monseigneur. Depuis longtemps, il était atteint
« d'une dilatation d'estomac, et c'est là ce qui, à la lon-
« gue, l'a fait succomber, la digestion étant absolument
« nulle. Il a d'ailleurs conservé jusqu'à la fin sa pleine
« intelligence. A six heures, il s'informait encore si les
« ordres donnés la veille au soir, à propos d'un poste,
« étaient exécutés. C'est donc bien jusqu'au bout qu'il
« a rempli son office de Pasteur et d'Evêque, puisqu'à
« dix heures et demie il rendait son âme à Dieu. »

Le tout petit coin de voile, discrètement levé par la
main pieuse du P. Veillon sur les hautes vertus apostoliques de Mgr Cousin, en laisse assez apercevoir pour
corroborer la conclusion que j'ai tout à l'heure formulée.
Notre illustre compatriote ne fut pas seulement un vail-
lant dans ses labeurs et ses luttes pour Dieu et pour
l'Eglise : il fut aussi un saint évêque, et il nous est doux
de le ranger déjà, en toute confiance, parmi ceux dont
il est dit « qu'ils se reposent de leurs travaux, car leurs
œuvres les suivent (1). »

La Gaubretière, 6 janvier 1912.

E. RAFIN, *prêtre.*

(1) Extrait de la *Semaine Catholique* de Luçon des 9, 16 et 23
décembre 1911.

LAGNY, IMP. E. VARIGAULT.

www.ingramcontent.com/pod-product-compliance
Lightning Source LLC
LaVergne TN
LVHW021800060726
842528LV00003B/1055